AF193663

Círculo Rojo
EDITORIAL

Chismes de cementerio

Chismes de cementerio

Francisco Valera Lozano

Círculo Rojo
EDITORIAL

Primera edición: junio 2025

Depósito legal: AL 4986-2025

ISBN: 979-13-7016-204-7

Impresión y producción: Editorial Círculo Rojo

© Del texto: Francisco Valera Lozano
© Foto de portada: Francisco Valera Lozano
© Maquetación y diseño: Equipo de Editorial Círculo Rojo

Editorial Círculo Rojo

www.editorialcirculorojo.com

info@editorialcirculorojo.com

Impreso en España - Printed in Spain

A todos
los mayores

Toda vida
es el reclamo
de la muerte.

DIAMANTE OPACO

Era, cuando se gestaba en el aire quieto
la cera de los templos y los rezos,
la inocencia el pan de cada día.
Dejamos de rezar al comienzo de la ardiente
primavera, al despertar,
un alba nueva sin apenas
darnos cuenta del tesoro que doraba
nuestros cuerpos.

Todo el tiempo era eso, primavera,
destellando lozana sin caducidad ni atisbo
ni órdenes que ensuciaran lo prohibido.
Éramos inmortales y todopoderosos.
Estirábamos la vida como un chicle
de sabores mágicos e imposibles.

Ahora el invierno campa presuroso y con desprecio
deja un reloj sin pilas ni almacén
que lo surta, aferrado al viento que ya no tiene vuelo.
La primavera ya es un sueño dulce que se pudre
en puñaladas de risas y mármoles con nombres.
Mármoles con nombres.

La belleza que el invierno te recuerda
es cizaña que alimenta el fuego
donde arder sin color, sin flores,
sin perfume.

La tramoya se prepara.

El final de la obra ya está escrito.

LENTOS

Ya lo he dicho antes.
Ahora lo diré de otra manera:
lentos eran los días y felices
libando la flor de cada instante,
el néctar de los dioses
Con las manos saciadas de arcoíris
modelaba con pasión desenfrenada los días
con un sol que nunca se ponía.
Todo era perfecto.
Las higueras tenían la miel divina
de los primeros besos entre la fronda perfumada
que daba pie a los sueños.
Las luciérnagas alzaban su luz
colmando las estrellas, que titilaban solo para mí.
Los grillos pintaban dibujos animados
en la piel de las noches del verano.

Cómo podría decirlo.
Todo era perfecto, ya os digo.
Qué daría yo hoy
por un sorbo de aquel vino.
Qué daría yo, padre,
por un segundo más entre tus brazos.

Todo era perfecto, aunque tarde me di cuenta
de que toda primavera va al verano
y camino del invierno.

Ahora se me cae el cielo de momentos
cuando estoy sentado frente a frente, derrotado
ante los nombres. Ay, los nombres que yo quiero
como mi alma, corazón, hígado, pulmones
forman parte de mi cuerpo.
Esos nombres vuestros y tan míos
que el viento peina y acalla.

Cómo podría decirlo, amigos,
lo de este patio donde se elevan inocentes los cipreses,
donde descansa más muerte mía
que planetas rotando.
Donde campa a sus anchas un eterno silencio
aferrado al sinfín del cielo.

UNO

ALAS

Estaban doblando las campanas como nunca,
tristes más que nunca
en la iglesia de Santa María de Trassierra.
Su vuelo hablaba de mí
como el punto pone fin a un libro de poemas.
Un carrusel de vidas se me fueron
como un golpe de ataúd
quiebra el corazón del que lo oye.
Miré desvencijado para el suelo
y me hundí un instante eterno.
Así pasó y así lo cuento.

Pero no temáis, yo he tenido muchas muertes
chicas, entre versos, y he practicado
muchísimo; por eso yo sé resucitar.
Os lo juro. No exagero.
Es real, sé resucitar.

Y así lo haré cuando llegue
la gran noche.

Aunque sé que mis alas son de cristal.

MARGARITAS

Bato las alas para sentirlas
libres como el águila antes del vuelo,
las fortalezco. Me entrego con pasión
al vuelo sobre los cipreses de San Rafael.
En derredor, el silencio es dueño.

Al rato me poso tierno en la hilera
de unas margaritas inmaculadas de cielo,
junto al frío mármol desolado; ay,
crecen sonriendo en las grietas sucias
de las tumbas. Están lozanas,
felices aromando la seca verdad,
ajenas a la tragedia que les da la vida.

Ensordecido por la eternidad
ante la alta muralla del olvido,
canta mi pecho todo su dolor
llorando en los cipreses sin el consuelo de un ángel.
Desenfocado, apenas siendo, bajo por el tobogán
del tiempo a echar un rato de cháchara
con todos mis ancestros.

Mientras tanto, las margaritas
cantan.

HUESOS

Alguien dirá sobre mí
que fui un poeta trasserreño
poco afortunado en el oficio.

Siempre tendré frío,
frío angelical. Frío que me inoculan
las miradas de cuchillo.

Sé que solo quedará de mí
el sopor de mi nombre
en la voz que me añore
apagándose un día.

Y moriré dos veces.

Pero los huesos, huesos son,
lo único que no vencerá la muerte.

CIMETIÈRE DU PÈRE-LACHAISE

Abríase dulce la aurora parisina y fue fácil
el encendido de las románticas calles,
algo tímidas, despeinadas un tanto, sin querer violar
la noche y rechazando la andadura del fiero tiempo.
Mas terminó por imponerse un maquillaje férreo.
Para tomar el día, dejé flores en los tristes mármoles
sombríos y puntos suspensivos en las desvencijadas
cruces, y algunos versos que sembré como verde
esperanza que bien recibió Alfred de Musset,
Paul Éluard, Alphonse Daudet, Apollinaire,
Guillaume, Honoré de Balzac, Jean de la Fontaine,
Molière, Oscar Wilde y otros tantos más
que me clavaron anestésicos dardos.
La música la pusieron Chopin,
Jin Morrison, Édith Piaf y otras notas más
que me envolvieron en el laberíntico
amontonamiento de lápidas dormidas.

Y me perdí encontrándome anudado
con la cruda realidad del mundo,
del mundo de los descuentos,
bajo la lentitud del paso de las estrellas
como testigos mudos
que se van quedando lejos.
Soñando lejos.
Soñando lejos.

ANTE RICARDO MOLINA TENOR

No molestes, no quites el polvo del viejo mármol,
hay que respetar el designio del tiempo.
Pálpalo si te es necesario, delicadamente,
con amoroso tacto como amante que eres,
si quieres que te hable del tesoro guardado,
la finalidad que cumple y aquieta
en su sereno ser.
No molestes al mármol, ya sufrió las cicatrices,
el calor del verano y el frío que encierra.
Tienes que ser azul como manda el cielo
y extender las alas sobre el dolor de este patio.
No molestes, por Dios, no molestes.
No molestes a la tierra, segura en su compás de hambre
y certeza con lo ya establecido, ya sufrió los incendios
de los condenados, y las lágrimas que dejaron
como pólvora negra.

Míralo en el espejo de este inmenso patio de altos cipreses
cuando aún lo ciñe una luz de nácar
y su cabeza la adorna el verde laurel.
Acaricia el ingrato edema que supura la alegre esperanza
que abre el portón del dorado día.

Recítale unos versos con la brisa más pura
para que el ave del sueño reanude el vuelo.
Que el negro mármol sea carbón que se quiebre
con los rayos maternos delicados y puros
en plenitud de blancas palomas en la nueva luz,
y la hermana mano le dé la bienvenida.
Y un hola de Ricardo estremezca la sutil dulzura
de las flores precisas en el mar de tus ojos.
Que no muera el intento con suma paciencia,
que por ti no quede, que la derrota no pueda.
Pero no molestes, sin molestar que sea.

Y si acaso no puedes, solamente asiente
entregando el sonoro milagro
que el adagio en la patética ofrece.

PARANORMAL

Perfectamente los estoy oyendo murmurar
algo de alguien que no sé quién es,
de la fila de nichos de enfrente,
diríamos vecinos punzantes, que mal se miran,
si es que pueden.
Asustan hasta el escalofrío
que recorre todos los tiempos
de mi piel.
Yo estoy en el centro del disparate,
desnudo como el niño en la luz primera,
necesitado de tanto.
Al rato, calmada la contienda, mi corazón
al vuelo en paz abraza un sueño dulce,
frente al pálido mármol
rotulado con el nombre de mi madre.

Ay, cielo, latiendo en mí.
Sé que estás dormida y no puedes oírme,
pero, aun así, te hablo contándote el día
a día,
como si nada en el sueño sin fin.

Brotando en luz, con un verde
primavera, algún que otro «te quiero»
se expande en eco
bajo el riego de unas lágrimas que estallan
como oropéndolas abriendo el vuelo.

Y no puedo, y me entrego.

DOS

LA COSTUMBRE

La costumbre, la dulce costumbre aferrada
como un garfio al corazón,
es la que me lleva.

Sé que no lo vais a creer, lo sé,
pero yo los he visto cuando voy a visitar
a mis ancestros, tras de las tumbas
sonriendo al paso de mi lento discurrir.
Yo les devuelvo la sonrisa sin asombrarme,
con gesto amable, como si natural fuera.

Un día más al abrigo de la bondad del cielo
me siento en un banco solitario;
ellos lo hacen a mi lado,
deleitándose en el guiño al mirarme.

Algún día, cuando traspase la puerta
que a mi espalda ha de cerrarse para siempre,
desnudo, entregado, en paz al fin,
les pediré ingreso en la pandilla
a estos duendecillos del cementerio
de San Rafael.

Y seré yo el que guiñe al visitante.

WHAT A WONDERFUL WORLD

Estoy seguro, seguro de que el mundo vive
dentro de un sueño, sobre todo la parte
que canta amorosa aromando la vida.
La vida cuando fermenta recreando niñez
y juventud en el estado feliz de cuando era…
Ay, el mundo maravilloso, cuando se multiplica
en la tarde destellando sabio en el desván
de los recuerdos,
dejando sus mieles como alimento alado.

Es cuando en el epílogo firmo el contrato sonriendo.
Sonriendo a pesar, sonriendo siempre.
Sonriendo dibujando aves en libertad plena.
Sonriendo en la mágica alfombra
de nunca jamás.

Un instante antes de que la luz
se apague sonriendo.

DESPUÉS DEL KO

Creo que lo mejor para el mundo
sería que no existieran guerras ni religiones,
solo la hermandad del ser humano
con todos los deberes y derechos
encumbrados. Sería más fácil,
incluso jubiloso, el instante sabido
en que seguirán los pájaros cantando.
Siendo de oro la certeza de que el mundo
queda en buenas manos, ya colmado,
ya tranquilo, en la curvatura
en que la luz se duerme satisfecha
soñando el sueño que le espera.

RECOSTADO APOSTA

A veces me pregunto si soy la sombra
del sueño de alguien de otro tiempo,
que ni está ni de forma es dueño;
de lejanas albas potentado y que en el marco del azul
que miro tiene su morada de mármoles inquietos.

A veces me pregunto si soy tan solo un eco derretido,
antiguo, que en la concavidad de unas locas neuronas
se multiplica dulce queriendo ser, siempre queriendo.
¡Joder!

Tal vez un mal verso que un poeta dejó caer
del poemario antes de entregarlo al certamen
de los sueños. Entonces estoy fuera, al frío,
perdido, al reclamo de la escoba hambrienta.
¡Joder!

O quizá, puede, o no, que sea un pequeño
planeta microscópico derredor del amor
que lo sustenta, que alguien quiere cortar
con disimulo y medio cuarto de malísima
mala leche con pimienta negra.
¡Joder!

O cristal de agua que nadie ha de beber
y hay que dejarla pasar hasta la pérdida.
¡Joder, joder y joder!

Seré verdaderamente polvo que llegó hasta
algo para ser eternamente polvo. ¿Eso es todo?
Sóplate esa, desnudo caminante.
Por eso hoy me siento a la orilla de un cuento,
kafkiano un tanto, a la espera del hada que a bien
tenga el detalle de posar su mágica varita
de lágrimas de risas.

A veces me pregunto, queridos amigos, amigas,
frente a la tumba del poeta, mientras un réquiem,
tantas cosas
que no me encuentro dentro
ni se me espera.

PERFUMADO OCASO

Te esperaré, perfume entre las flores,
distraído en su cielo, cariño mío,
en este patio preñado de mármoles salobres,
que bien sabré ser el enigma que lo
envuelve, etéreo, liviana huella
por ti, por mí.

Tú sabes que yo te espero.
Solo tú lo sabes.
Y esperaré, pues soy dueño del sueño
y del tiempo, y yo te esperaré
y esperaré que tu suspiro
me lleve hasta tu pecho.

AZABACHE

La noche es el gimnasio aciago
donde se entrena la muerte
para reforzar la brida de su abrazo
y puliendo el luto de su sombra infinita.
Mientras sueñas,
ella va perfilando la estrategia punzante
para derrotarte un día sin aviso ni perdón.
La noche, cuando se afila, muerde
y saborea hambrienta el suculento bocado
lleno de especias, momentos felices que nacieron
al abrigo de la luz de todos los soles
sabidos y por saber, luz al alcance, a tu medida.
La noche vengativa con la hondura inagotable
de los agujeros negros que nos miran
deseosos de succionar lo que para bien
perfeccionó la bellísima primavera.

La noche en la noche inserta.

La noche, la unión de universal
lazo que te une a epitalamios
que nunca has deseado.

TRES

POETA

No llamaré a tu puerta,
aldaba del cementerio,
esperarán los sueños que abran a las ocho.
No serás tú el que me abras, poeta,
tú estás en otras cosas de universo expansivo,
en la nave de un poema, atado a su compás.
No llamaré a la puerta,
sé que estás dormido,
poeta.
En tu casa estás
acompañado por el mar inmenso
cantando, donde aún escribes dormido,
soñando,
ay, José Hierro.

Que salga y me lleve en volandas,
entre versos,
tu salobre aliento
desde este jardín del mar
del vivo Ciriego.

No llamaré a la puerta,
no quiero molestar.

LA RONDA

Día nuevo de un nuevo año.
Toda la noche sin dormir, al vuelo de palabras
como búhos que dan paso a algo que se queda
perfumando el aire que engarza la vida.
Mas alguien ronda… Va oprimiendo con afilado
desprecio, en la hoquedad de lo oscuro, el ritmo
en el pecho de este viejo reloj heredado,
descompasando el canto y derruyendo
lo que para bien está erguido.
Alguien ronda…

Y es cuando el alba sale en mi defensa
pintando de verde y más la verde hierba,
sedando los ojos de musgo nuevo,
aliñando el guiso de la vida nueva.
De la vida nueva que está al abrigo
de aquellos que nos protegen
desde el cielo soñando.

Mas alguien ronda.

Sé que viene de muy lejos,
quizá del oscuro humus
donde el frío es más frío en el profundo sueño,
mucho más frío que de costumbre.
Y está vivo.

DÍA DEL CIELO

Día de Todos los Santos.
Es tanto el perfume florido
que hay una ingravidez
de zumo,
tensa y sin dueño, sin miedo
en el colorido
cementerio.

Ya me ha susurrado este patio
su profundo secreto.
Dormid tranquilos,
ángeles de los sueños.
Yo os cuido.

DOS UNO

¿Qué ocurrirá con mi alma
cuando muera, esos veintiún gramos
que dicen que pesa?
¿Será pasto de la nada? De la nada.
¿No tendrá alas como nos dijeron?
¿Dolerá mucho el desarraigo de esta
casa compartida, aquí, donde jugaron
perfumando el porvenir?
¿Me preguntará alguien si te cuidé
lo suficiente?

Déjame que te mime en este
instante, en este binomio
de amor y hermandad,
alma mía,
compañera.

DOLOR ANCESTRAL

Pero qué mustio y solo
el corazón, ya sin consuelo,
cuando se queda en la multitud
desolada del amargo cementerio.

Cuántas luces apagadas,
patio de cipreses y flores
de mentira,
lugar donde el dolor
fermenta descomponiendo
el color.
Patio del tormento, donde
tratan de poner luz, pintar
sonrisas, colmar de amor
los ángeles del cielo.

MUERTE VIVA

Fin. Lo intuimos antes de comenzar el cotarro,
la falsa; todos lo saben al salirles
arrugas mientras andan, sabiendo que son larvas
de los gusanos que se harán dueños
del cortijo, del cortijo heredado por un breve
tiempo soñando. El mensaje es cristalino:
sal, entra, revuélcate si quieres
en la fresca hierba, desnúdate ante el mundo
mostrándole el blanco culo,
que es posible si a destajo ríes y ríes en la cascada
de la vida que te sonríe plena.
Abraza un árbol y viaja con su savia
por el mundo dejando que muera
la nostalgia, canta y libera ruiseñores
mientras sueñas.

Te lo debes a ti y a los ancestros
que con sus alas intensamente abiertas te esperan
pacientes, aromados de universo,
para reanudar el sagrado vuelo
al bosque de las estrellas.

AL ESCONDITE INGLÉS

AL BORDE

El poema más triste
que escribiré en mi vida
será inconcluso.
El día fatídico que sabes que no
puedes hilvanar
la noche
con el alba.
Comenzará los últimos versos
la humilde andadura, la seguirán
los anteriores y los acogerá
la nube que los lleve
hacia la nada.
Y no pasará nada. Nada.
Y seguirán los perros
ladrándole a la luna.
Que en su querencia
parecerán decir:
«Fly me to the moon»,
de Frank Sinatra.

DÉJAME

Déjame, ocaso, en los ojos el regalo
de un azul plácido, el estallido
de los patios en mayo, deja el milagro,
que no sepan que están dormidos,
que tú seas el arcoíris, el alba,
el despertar de la luz del amor.

Déjame, como si una promesa fuera,
ocaso, toda la primavera en mi cuerpo
soñando. Sus primeras lluvias que despierten
en mí el ave fénix, que en la piel
arraiguen las flores nuevas y un ruiseñor
me lleve a la luna preñada
de poemas.
Déjame, ocaso…, déjame que sea.

Y no saber de días ni de llantos.

SOÑANDO

Liberan flores.
Los muertos están tranquilos,
sueñan. Son gente buena.
No se desperezan bajo los fríos
mármoles, solo sueñan
tiernamente pudriéndose.
Ay, dolor.

Dejadme que me acerque blandamente,
sin alas, sin pasos, solo el corazón hermano
al vuestro, que ya es polvo enamorado.

Lo sé, sé que lloráis,
mi corazón lo sabe,
lloráis mucho para nutrir la tierra.

TODO NADA

Dejadme cuando me veáis dormido,
soñando en el sueño de los sueños,
con los versos de Juan Ramón y Antonio,
de Federico y Alejandro, dejadme.
Prometo no hacer ruido.
Dejadme en el lado
de los siglos.
Que bien sabrá la negra pantera
enamorada
dar el zarpazo.

Todo nada estará bien.

Mas sé que en las brumas del tiempo cantará
nostálgico el ruiseñor de mi pecho.

CHISMES

Dicen que las uñas crecen, amarillas
y sin miedo, después del último latido,
que todavía hay serena vida.
¿Podrán recordar las primeras caricias
llenas de amor y deslumbrante asombro?
¿El cálido abrazo de las manos adolescentes
paseando siendo dueñas del mundo?
¿El mapa de su piel? Milagro que nos
fue dado como puerta a algo muchísimo
más grande que nosotros.
¿Podrán soñar un despertar
en presurosos caballos de luz
donde la luz en sí se multiplica?

Cuerpo de luz y lo pasado
pisado: bendito humus fluorescente.

Todo son chismes de cementerio.

ÍNDICE